Spiritualité &
Philosophie
d'une adolescente

Victoria.DH

Mentions légales
Spiritualité & Philosophie d'une adolescente
Victoria.DH

ISBN : 978-2-32240-188-8

Prix : 12€

Couverture : © Orlane, Instant immortel

Mise en pages : © Orlane, Instant immortel

Corrections : © Simone P.

Images : © Pixabay, © Unsplash,© Freepik

© 2021, Victoria D.H

Édition : BoD – Books on Demand,
12/14 rond-point des Champs-Élysées,
75008 Paris.

1. Citations

Vivre

Chaque jour doit se vivre comme
Une fête,
Car le passé n'est plus,
Et demain est incertain,
Mais aussi,
Parce que la vie est le plus beau présent
En nous offrant la possibilité
De connaître le bonheur!

Pardonner

Il faut savoir pardonner
Aux personnes qui t'ont
Fait du mal,
Pas parce que tu es
D'accord avec ce qu'ils t'ont fait,
Mais parce que
Tu choisis ta paix intérieure !

Merci !

Merci à toutes les personnes

Qui m'ont causée des problèmes

Grâce à elles,

Je surmonte de mieux en mieux mes défauts,

Mais aussi,

J'ai pu me choisir moi,

Plutôt qu'eux !

Rêver & Vivre ses rêves

A toutes les personnes,

Qui ont été comme moi :

Il faut savoir rêver,

Certes, mais

Aussi vivre les rêves

Car ils peuvent

Devenir réels !

La chance

La chance ne tombe pas

Du ciel ;

Il faut savoir

L'attirer et la saisir,

Comme si tu fleurtais avec.

Mais n'oublie pas

Que la chance se mérite

Par les efforts que tu auras fournis.

Un personne chanceuse aura travaillé

Pour la saisir !

Travail Acharné

La vie se vit comme un contrôle :
Il y a d'abord tous les efforts fournis
Pour y arriver,
Et ensuite la récompense.
Mais si tu as une mauvaise note,
Ne t'en fais pas,
Car tu peux te rattraper au prochain !

La vie

La vie est comme le yin et le yang :
Il y a beaucoup d'emmerdes, certes,
Mais il ne faut pas oublier
Toutes les bonnes choses qu'elle nous offre,
Comme avoir la chance
De pouvoir vivre !

Perfection

La perfection n'existe pas,

Un parce que

Ça serait trop ennuyant,

Deux parce que

Si c'est ennuyant,

Ça ne peut pas être parfait.

En revanche, nous sommes tous proches

De cet idéal !

Être fort

Être fort,
Ce n'est pas forcément avoir des muscles ;
C'est reconnaitre ses faiblesses,
Ses défauts, ses souffrances,
Mais surtout savoir continuer avec.
Car seuls les vainqueurs vivent !

Le bonheur

Parfois,

Le bonheur est si près,

Qu'on ne le voit pas,

Car on s'attendait à autre chose.

Il peut être petit,

Alors ouvre les yeux,

Il est constamment

Devant toi !

Être adulte & Être mature

Ce n'est pas

En étant adulte

Qu'on est mature,

C'est en étant mature,

Qu'on est adulte !

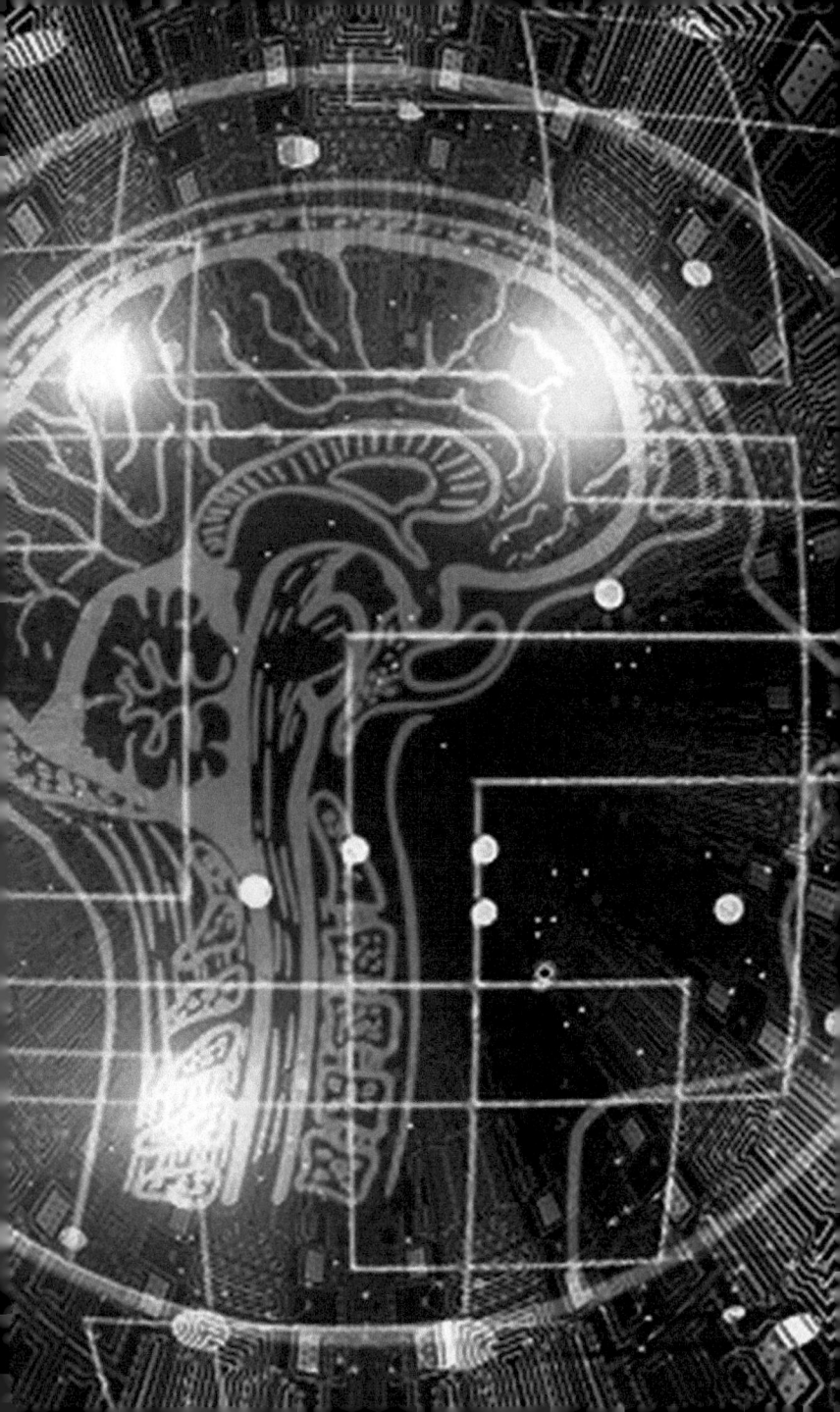

Être intelligent

Être intelligent,

Ce n'est pas juste avoir

18 de moyenne, ou bien être diplômé(e).

C'est aussi savoir

Ce qui est bon ou non pour soi,

Faire la part des choses,

Et savoir les accueillir

Telles qu'elles sont !

Les faiblesses

Il ne faut pas considérer
Ses faiblesses comme
Des faiblesses :
C'est ce qui nous rend humain,
Ensuite,
Elles font parties de notre identité,
Enfin,
Parce qu'en les connaissant on peut
Les tourner à notre avantage !

But

Si tu veux atteindre un but,

Ce n'est pas en rien faisant

Que tu y arriveras.

C'est pour ça qu'il faut

Toujours tenter sa chance!

On dit souvent:

"Mieux vaut tenter sa chance

Et la louper,

Que ne pas la prendre

Et louper la grande vie"!

L'escalade

Pour atteindre ses rêves,
C'est comme l'escalade.
Tu dois grimper au sommet,
Sans jamais relâcher tes efforts
Au risque de chuter et
De tout recommencer.

Mais n'oublie pas non plus,
Avant d'atteindre le sommet,
D'admirer l'horizon
Qui s'étend derrière toi !

Confiance en soi

Prends confiance en toi

Et aime-toi,

Ceux que tu aimes seront alors

Fiers de toi,

Fiers de t'avoir,

Parce que tu leur auras

Enlevé une inquiétude

Et que tu seras quelqu'un de meilleur !

Liberté

Est-ce qu'on est vraiment libre dans notre
société ?

Non.

Mais est-ce qu'on peut être libre ?

Oui !

Alors ressaisis-toi,

Et dépasse tes conditions humaines.

N'aies pas peur de franchir les limites,

Car une autre vie,

Celle que tu désires,

Se situe au-delà !

Amitié

La vie peut être difficile et triste,

C'est la réalité.

Mais, il suffit juste

D'une personne,

D'un être vivant,

Sur qui vous pouvez compter,

Qui vous comprenne,

Avec qui vous pouvez parler

De tout et de rien sans jugements,

Et la vie semble soudain plus facile !

Être bizarre

Personne n'est bizarre.

Après tout, qu'est-ce qu'être bizarre ?

Cela sous-entendrait-il

Qu'il y aurait une norme ?

Seul l'être humain

s'efforce d'imposer des "normes",

Parce que ça le rassure,

Et que la nouveauté, l'inconnu lui fait peur.

Alors, soyez-vous-même,

Libre et fièr(e)

De pouvoir choisir celui/celle que

Vous êtes !

Prier pour quelque chose

Personnellement, je vous demande
À quoi ça sert de prier,
Pour obtenir quelque chose ?

Si vous désirez vraiment ce « quelque chose »,
Ne vous attendez pas à ce que
Le monde vous l'offre.
Combien de fois avez-vous prié
Pour que « quelque chose » arrive ?
Certains ont passé toute une vie !
Alors arrêtez deux minutes
De croire que tout peut venir à vous comme ça.
Prenez-vous en main, et donnez-vous l'occasion
De pouvoir faire ce pour quoi vous aviez prié !

Savoir prendre une pose

N'oublie pas que personne n'est parfait.

Alors c'est OK si tu ne te sens pas bien,

C'est OK si tu veux être seul(e),

C'est OK si tu en as marre,

C'est OK si tu es triste.

Juste, c'est OK.

Bien que tu fasses tout pour les autres,

N'oublie pas que tu ne peux pas tous les sauver.

Et si tu es fatigué(e), ce dont on a besoin,

C'est d'un héros/ héroïne aguerri(e).

Alors, prends du temps pour toi,

Et fais-toi plaisir :

À ce que je sache, tu es un être humain émotionnel,

Qui n'a qu'une vie.

Sache aussi que ce n'est pas un crime de penser
à soi au moins une fois,

Ni de se faire aider.

Le monde peut attendre pour toi !

Ecrivain de sa vie

Tu n'as pas besoin de croire
Que tu es tel ou tel personnage,
Ni de te prendre
Pour quelqu'un de spécial
Et encore moins d'avoir
Un modèle.

Tu es un personnage principal,
Et même si tu ne l'es pas
Pour tout le monde,
Tu es au moins
Celui de ton histoire.
Alors, prends la plume,
Et écris-la toi-même !

Les autres et soi

Parfois, on nous dit
De penser aux autres,
Mais d'autres fois,
De penser à nous.

Les deux sont aussi faux qu'ils sont justes.

Il faut penser aux autres, car c'est sur les autres
Que tu peux compter.
C'est plus facile quand on n'est pas seul.
Mais il ne faut pas s'oublier non plus,
Car en s'abandonnant aux autres,
Ce n'est plus votre vie !

Être positif

Au plus profond de nous,

Il y a cette force de vivre,

De vouloir croire que quelque chose de meilleur

nous attend.

Et, la vérité est que,

Ce n'est qu'en étant positif,

Qu'on obtient des choses positives :

Le négatif attire le négatif,

Et le positif attire le positif !

Personne bien & mal

Qu'est-ce qu'une personne bien,
Qu'est-ce qu'une personne mal?

Ça n'existe tout simplement pas!

On a tous des bonnes et des mauvaises parts,
Alors arrêtez de vouloir être parfait,
Arrêtez de penser que vous ne servez à rien,
Car ce n'est pas le cas!

Chacun a ses qualités et ses défauts,
Car c'est ce qui nous définit,
Nous, les êtres humains!

Croire

Croyez en quelque chose,

Que ça soit en Dieu, en l'amour,

Au destin, en vos rêves :

Qu'importe,

Pourvu que ça vous permette de rester en vie.

Avoir des croyances, même des objectifs,

Nous permet de tenir le coup

Quand tout se passe mal,

Car nous pouvons nous y accrocher.

Moi, je crois que vous pouvez tous vous en
sortir,

Si vous y croyez !

Détermination

La détermination est l'une des
Plus belle qualité que possède un homme.
Car lorsque vous voyez tous ces films héroïques,
Le point commun de ces personnes,
C'est d'en avoir,
Et la fin est toujours heureuse.

C'est un défi, certes difficile,
Mais qui vaut la peine de le prendre,
Pour grimper au sommet.
L'un de ces principes serait même :
«La fin justifie les moyens».

2.Théories personnelles

1.

Théorie 1, chiffre du commencement.

J'ai longtemps pensé que le monde était contre moi. Après tout, qui ne l'a jamais pensé au moins une fois ? Vous vous êtes tous demandé, pourquoi telle ou telle chose est arrivée, pourquoi maintenant, pourquoi moi ? C'est tout à fait normal de penser ce genre de choses. Ça a été aussi mon cas, personne n'échappe à la règle.

Vous avez alors la sensation de vous sentir seul(e), toujours subir plus, pourtant, de devoir constamment vous débrouiller. Le plus rageant est certainement de voir tous ces gens que vous pensez horribles, être heureux ! Cela vous enfonce bien plus dans votre profonde solitude. Par addition, vous devez vous efforcer de ne pas vous plaindre car vous savez qu'il existe des cas pire que vous, ou plus simplement encore pour éviter les remarques.

Vient alors ensuite l'étape de ce que j'appellerais «la révolte». A ce moment, vous choisissez une cible sur qui vous défouler, quelque chose qui justifie les «pourquoi du comment». Ça peut être contre la vie, le destin, une religion. Pour mon cas, Dieu a été celui contre qui je me suis énervée. Après tout, j'avais été souvent présente aux messes, j'étais quelqu'un de gentil et je croyais avoir la foi. Malgré tout, j'ai pensé qu'avoir tristesse.

Au fil des années, j'ai commencé à croire que Dieu était injuste, qu'il ne pouvait pas être bon, au point que j'avais développé une théorie : Dieu ne pouvait pas nous aimer ! Si tel était le cas, il y aurait déjà la paix dans le monde, et on serait déjà tous au paradis ! Ou alors, il était impuissant, mais ce n'était donc plus un Dieu car sa définition même était d'être puissant.

Il y avait des contradictions.

Lors d'une partie de ma jeunesse, je portais cette haine, mais je ne me rendais pas compte que ça me détruisait de l'intérieur. Je l'accusais à tort et à travers, remettais mes injustices sur son dos, et ce, sans même savoir ce que je ressentais vraiment, à part cette profonde colère.

Puis, vient l'étape du questionnement.

Vous êtes-vous déjà posé des questions comme : quel est mon objectif de vie ? Quel est le sens de la vie si de toute manière on doit mourir un jour ? A quoi servent donc les sentiments ? Qu'est-ce qu'être heureux ? Qu'est-ce que ça importe d'être heureux ou non au final ? Pourquoi vivre ? Et j'en passe.

Leur réponse n'est autre qu'un enchaînement de ce genre. Peut-être avez-vous pensé à vous suicider ? Vous avez peut-être un mauvais entourage qui vous met toujours la pression. «Tu me déçois», «J'en attendais plus venant de ta part», «Tu n'aurais pas dû avoir ça, tu ne le méritais pas», et d'autres mots de ce genre font même partis de votre quotidien. Je n'avais plus aucun espoir, je pensais être fichue, que ma vie ne servait à rien.

Mais, c'est là qu'ils sont arrivés. C'est pour ça qu'il ne faut jamais perdre espoir, car quand on tombe au fond et qu'on croit ne plus s'en sortir, il y a toujours quelqu'un pour nous sauver. Peut-être que vous vous dîtes que cela ne vous arrivera jamais, que personne ne viendra vous sauver parce que vous pensez avoir touché le fond, et pourtant rien : pourquoi ça changerait ?

J'étais comme cela avant, je ne comprenais pas pourquoi personne n'était encore venu me sauver, alors je m'étais faite à l'idée. Mais finalement, chacun a bien son sauveur. Le mien était plutôt inattendu!

C'était tout d'abord un ami de mon petit-ami, en mars 2021, qui habite au Brésil, et avec qui je ne parlais que sur les réseaux. Qui l'eut cru? Quelqu'un qui venait de si loin de moi, et qui ne parlait même pas la même langue? Pourtant, c'est bien lui qui est venu me sauver. Au début, notre relation était banale, on se disait bonjour et aurevoir, puis au fil du temps, notre relation s'est approfondie et on est donc devenu amis. Dans l'une de nos conversations, je lui avais dit que je détestais Dieu, mais lui était un croyant, avec une grande foi et un grand amour pour Dieu. On a alors commencé un débat qui dura environs trois semaines, et encore un peu par la suite.

Je lui avais cité ma théorie; après tout, ça me paraissait logique, mais il s'obstinait à croire que Dieu était bon. Il me donnait des dizaines et des dizaines d'exemples, qui pour moi n'avait pas de sens, notamment celui du père et de ses deux fils. L'un, avec son héritage, fut partit dans un autre pays et y dépensa tout son argent. Il devint pauvre et regretta d'être parti, alors il imagina s'excuser, voir même se repentir auprès de son père pour qu'il le reprenne, car il était certainement persuadé qu'il ne serait pas accepté.

Mais surprise, quand il revint, son père l'accueillit à bras ouverts, fit installer une table et ordonna qu'on tue le veau, car, heureux que son fils revienne sain et sauf.

Néanmoins, pour moi, le plus injuste fut le cas de l'autre frère, qui était resté chez son père à travailler d'arrache-pied, n'ayant jamais eu cet honneur. La récompense d'effort est pour moi quelque chose d'important car juste, alors lire cette histoire m'avait déçue.

Il y avait une autre parabole qu'il aimait bien me citer, c'était celle des brebis. Un berger gardait 100 brebis dans son pré, mais l'une d'elle s'est égarée. Il l'a alors cherchée, et lorsqu'il l'a retrouva, il fit une fête.

Cet ami m'a alors dit que le berger est plus heureux de retrouver une brebis égarée que de voir la loyauté des autres. C'est un peu comme cela qu'il avait voulu m'illustrer. Il se désignait lui-même comme étant mon intermédiaire avec Dieu, et était persuadé que sa mission était de me ramener à la foi. 3 fois il avait failli abandonner, pourtant Dieu lui aurait soufflé de continuer. Il n'avait donc pas lâché l'affaire.

Tout ce qu'il me disait commença alors à me percuter, me menant dans des réflexions profondes. Petit à petit, je commençais à comprendre son point de vue, et à pardonner Dieu, ou plutôt à moi-même. J'avais accepté ce que j'avais vécu, et je prenais enfin en main mes responsabilités.

Si le frère qui était resté n'avait pas été aussi bien récompensé, c'est parce que je n'avais pas prêté attention aux détails : il n'avait pas vraiment aimé son père et travaillait que pour prospérer. Finalement, Dieu était peut-être un peu humain, et comme un père avait besoin de l'amour de son fils, Dieu avait besoin de notre amour. Ce qu'on subit serait alors des punitions, ou justement une leçon. Et moi, au fond, je n'étais qu'une enfant se sentant abandonnée de son père, alors qu'il avait toujours été avec moi.

Il m'arrivait de dériver de nouveau et de repenser comme à l'époque, mais dans ces moments il y avait toujours quelqu'un pour moi. En fait, particulièrement mes brésiliens adorés, mon petit Diogo qui m'a permis de voir le bonheur, d'ailleurs de manière assez improbable, et Ygor qui m'a toujours soutenue. Oui, ce sont des Brésiliens qui m'ont aidée et continuent encore aujourd'hui, la preuve que les préjugés sont parfois cruels.

Petit à petit, j'avais alors développé la théorie que, effectivement, si Dieu avait été si bon, nous serions tous déjà au paradis, certes. Mais regardez, quand il y a des personnes qui font du mal, elles vont en prison. La Terre serait donc une sorte de prison, de purgatoire pour expier nos fautes. La vie éternelle, ou peut-être le retour au paradis, est accordée si la mission est remplie, mais si en une vie, nous n'avions pas pu, nous serions alors réincarné sur Terre, et dans le pire des cas, en enfer. Ou sinon, la Terre serait un endroit simplement pour sélectionner ceux qui peuvent accéder à quelque chose de meilleur.

J'en profite pour remercier mes Brésiliens, qui m'ont permis d'ouvrir les yeux, et qui m'ont purgée d'une grosse partie de ma haine. Un conseil pour vous : même si c'est compliqué, ne portez jamais de haine, car c'est le genre de sentiment qui vous détruit de l'intérieur. Pardonner permet d'être en paix avec les autres mais surtout avec soi-même. Je n'avais jamais compris le réel sens de ses paroles, mais maintenant, je l'ai compris, je sais que vous pouvez le faire, et de toute manière vous devez parce que c'est ce qu'il y a de mieux.

Personne n'est bon à 100%, et même pas Dieu, mais ce n'est pas pour autant qu'il n'est pas bon. Et puis après tout, qui nous dit que Dieu, ou qui vous voulez, n'a jamais été avec nous ? C'est juste nous qui nous mettons ce genre d'idées dans la tête pour trouver une raison à notre vécu…

Voici une de mes théories.

Un conseil :

Vous devriez méditer sur les mauvais moments passés dans votre journée, et essayer paisiblement de comprendre pourquoi ça s'est passé, au lieu de rejeter la faute sur quelqu'un ou quelque chose. Prenez une inspiration en pensant à toutes les choses bonnes, et lorsque vous expirez, imaginez rejeter les mauvaises. Enfin, vous savez, croire en quelque chose nous permet systématiquement de nous relever, car seul l'espoir nous le permet, l'espoir de quelque chose de meilleur. Que ça soit une religion ou non, espérer est ce qui nous donne encore une raison de vivre quand on est au plus bas, car c'est ce qui nous reste. Mais n'utilisez jamais les sentiments négatifs tel que la haine, la jalousie ou l'envie car ça détruit de l'intérieur.

2.

Nous en venons donc à ce point. L'être humain a toujours eu besoin de raisonner, et ne comprenant pas pourquoi telle chose lui arrive, il rejette la faute sur quelqu'un ou bien justifie cela par tels ou tels faits. Mais au fond, pourquoi vouloir se prendre la tête avec ça ? Il y a des choses qu'on vit et qui doit être vécues, c'est comme ça. On n'a pas besoin de mettre d'étiquette sur nos expériences ; après tout, c'est notre histoire et c'est tout. Cela fait partie de nous, c'est ce qui fait qu'on est nous.

Certaines situations sont peut-être injustes, tristes, grisantes, et tout ce que vous voulez, il n'empêche que c'est votre point de vue. Psychologiquement, vos parents, votre famille, votre entourage lors de votre tendre enfance, vous ont poussé à voir certaines choses d'une certaine manière, ce qui forge votre manière de les percevoir.

Une fois, j'ai entendu une phrase très intéressante, ressemblant à ceci: «Imaginons que vous avez un problème avec votre voiture. Vous ne l'aimez pas, vous trouvez qu'elle est moche, qu'elle est ci, qu'elle est ça, etc. Vous aimeriez qu'elle soit belle, et ci et ça, mais rien n'y fait, pour vous, elle est toujours moche et ci et ça.

Il s'agit de votre vision. Vous la voyez de cette manière. Si vous vous positionnez sous un autre angle, vous allez voir qu'elle n'est pas si moche que ça. Vous pourriez même la trouver mieux qu'avant, alors qu'au fond, rien n'a vraiment changé. Elle est peut-être toujours la même, mais plus pour vous maintenant. La forme n'a pas changé, mais le fond oui. C'est ce qui fait la différence. Avant de changer la forme, il faut déjà changer le fond».

Cette phrase veut dire que, même si vous repeignez la voiture, elle restera moche tant que vous n'aurez pas changé d'avis. Si vous prenez une couleur que vous aimez bien, vous allez la trouver belle, mais pour d'autres elle restera moche. Toutefois si vous ne faites rien, si vous restez sur la même position sans tenter quelque chose, sans la repeindre, elle restera toujours moche à vos yeux.

Et le problème vient de là. On a appris à voir certains trucs d'une certaine manière, à nous dire que ça, c'est mal, et ça, c'est bien. Pourtant, il n'y a pas que de du mal et du bien en chaque chose. Peut-être qu'une partie prend plus le dessus sur l'autre, mais l'entièreté n'existe pas. Ce que je fais en ce moment même est un raisonnement qui place des étiquettes, mais ce n'est malheureusement que comme ça que nous comprenons. Rien n'a de vraie définition. C'est comme dire que des gâteaux sont des gâteaux. Pourtant, en portugais, le mot « gato », identique phonétiquement au mot français, signifie « chat ».

On donne aux mots la signification qu'on leurs a donnés, tout comme on donne un propre sens aux expériences qu'on a vécues.

Mais pourquoi donc ? Bien que l'humain soit un être raisonné, c'est un être avec des sentiments. Les sentiments interviennent dans notre interprétation, font qu'on pense que telle chose est mal, ou bien en fonction de ce qu'elle nous a fait. C'est un mécanisme psychologique qui se met en place pour notre bien mental.

Penser que telle chose est mal nous pousse à ne pas reproduire la même erreur et à la fuir. On pense que la lumière est bonne car on s'y sent en sécurité, mais les ténèbres, bien qu'elles soient obscures, ne sont pas forcément mal.

Notre peur primaire prend le dessus : parce qu'on n'y voit rien, parce qu'on ne se sent pas en sécurité, parce que tout est incertain ! Or, comme tout animal, la peur surgit pour notre survie, par crainte de l'incertain.

Pourtant, on n'y meurt pas, seul vous choisissez de mettre terme à votre vie ou non. Les ombres sont là pour nous dire que, voilà, tu as touché le fond, et ensuite ? Maintenant tu sais ce que c'est, tu n'as plus rien à craindre puisque tu as l'expérience ; à présent tu n'as plus la peur d'y retomber. Tu peux donc t'envoler librement vers la lumière et t'épanouir, car tu as compris l'essentiel ! Par conséquence, tu incarnes maintenant le toi divin. Voilà ce qu'elles nous disent.

Si on tombe dans les ténèbres, c'est avant tout une remise en question profonde de la vie, de notre moi, de notre véritable but. C'est ainsi que plus tard, vous réaliserez que vous n'avez pas de véritable raison d'être en vie, vous n'avez pas non plus de véritable but, car on finit tous par mourir.

Seuls ceux qui ont vécu dans les ténèbres sauront ceci, mais par-dessous tout, seuls ceux qui ont réussi à s'en relever diront qu'il ne suffit pas juste de lire ça et d'être d'accord pour s'en sortir.

Il faut le penser, au plus profond de soi, mais aussi comprendre l'essentiel. Je ne peux pas vous le révélez, car pour l'assimiler, vous devrez l'assimiler de vous-même : le dire ne serait pas suffisant, et vous induirait peut-être même en erreur. Enfin, chacun peut avoir son idéologie de la mort, vie ou non de l'autre côté, mais ceux qui ont réussi à se relever définitivement des ténèbres vous diront certainement que, de toute manière, tu es ici, dans cette vie : pourquoi lutter et chercher un sens si de toute manière tu restes coincé(e) là ?

Effectivement, chercher un sens comme l'humain à l'habitude de faire ne fait que nous compliquer la tâche, il faut juste se laisser porter par la vie.

Je considère que seuls ceux qui ont vécus dans les ténèbres ont accès au véritable bonheur, car c'est en vivant le pire qu'on se rend compte de l'essentiel qui constitue le véritable et authentique bonheur, car ils n'ont plus peur de rien.

Voici une de mes théories.

<u>Un conseil :</u>

Méditez seul dans un coin, lors d'un coucher de Soleil, et essayez de comprendre qui vous êtes sans vous voiler la face. Vous n'avez pas de honte à avoir, vous êtes juste entre vous et vous. Puis, lorsque vous réfléchirez profondément sur le sens de la vie, vous trouverez enfin ce qu'est l'essentiel. Plus important : n'ayez pas peur ni d'avoir peur, ni du pire, ni de plonger dans les ténèbres, car c'est là que vous découvrirez la vérité, votre vérité.

3.

Nous en venons donc ici.

Certes, tout cela a l'air compliqué, mais n'oublions pas que pendant tout ce voyage, nous avons des gens sur qui compter, qu'on aime. Je vous propose d'abord d'étudier le cas de l'amour que l'on ressent pour son /sa compagnon /e, son amoureux(se), puis de l'amitié pour finir par la famille. Tout d'abord, qu'est-ce que réellement l'amour?

Il s'agit d'un sentiment et non tellement d'un raisonnement, alors je dirais que c'est quelque chose qu'on éprouve profondément pour quelqu'un qu'on porte dans son cœur. Surtout lorsqu'on on est amoureux, peu importe ce que la personne a ou ce qui peut arriver. Mais attention! Il ne faut pas confondre «amour» avec «Amour». Bien souvent, le premier implique une raison, celui/ celle-ci et beau ou belle, a beaucoup d'argent, etc. Vous avez donc une raison d'aimer cette personne, parce qu'elle a un ou plusieurs critères qui vous plaisent. Dans ce cas, vous aimez cette personne pour ce qu'elle a et ce qu'elle peut vous donner. Tout semble au mieux pour le meilleur des mondes, tellement bien que vous vous faites des illusions et que vous vous persuadez que c'est LA personne, que vous l'aimez comme n'importe qui l'aurait fait, et pourquoi pas inversement.

Mais, il ne s'agit là que d'une forme de résonnement humain : vous vous dîtes que cette personne est parfaite pour vous. Ça vous arrange bien ; ce qui, en soi, est bien normal.

Cependant, ce n'est pas vraiment un amour réel. Bien souvent, vous vous rendez compte qu'avec le temps qui passe, au moins un de vous se lasse de l'autre. Parfois interviennent les disputes, et comme l'un d'entre vous n'a plus ce qu'il/ elle espérait obtenir, ça se finit (pour la plupart) en séparation.

Bien généralement, avec du recul et selon les personnes, on s'en remet plus ou moins rapidement. Puis, vous tombez encore dans une relation similaire, et tout recommence. Évidemment, il y a tout de même des personnes qui restent ensemble, mais qui ne vivent pas de grande passion.

Cela a ses inconvénients mais aussi ses avantages. C'est vrai qu'avec ce type de relation sans grands sentiments, on n'est pas trop impliqué. C'est assez superficiel, mais sans prise de tête ; c'est même assez détendant, voir à peu près satisfaisant. Il y a bien évidemment le cas des personnes qui s'attachent trop vite et qui sont trop dans le vif. Pour elles l'impact est plus conséquent.

Comme je le laissais sous-entendre, pour certains ce qui paraît une évidence, « l'Amour » est encore autre chose. Vous n'avez pas forcément de raison d'aimer une personne. Cette dernière peut même se montrer horrible avec vous, pourtant vous ressentez le besoin d'être avec lui/ elle, de lui faire plaisir, ou je ne sais quoi. Malgré tout, vous aimez cette personne pour ce qu'elle est, pas pour ce qu'elle a ou ce qu'elle vous donne.

Ce genre d'amour est parfois dépendant voire co-dépendant. Attention cependant à ne pas confondre avec relation toxique. Une relation toxique est une relation où l'un humilie l'autre, l'accuse toujours, cela peut même en venir à des violences extra-conjugales. Vous vous sentez souvent mal, mais quelque chose vous empêche de partir, contre votre volonté.

Dans une relation non-toxique, il est vrai qu'il y a des disputes, mais chacun comprend le point de vue de l'autre, chacun se respecte. Parfois, on se boude, sans en arriver aux extrêmes ; tout se finit plutôt bien. Vous en êtes peut-être même arrivé à la séparation, mais jamais il n'y a eu de violences. Bien souvent, vous ressentez le besoin de revoir cette personne. Ce genre de relation est généralement du 50-50.

Bien évidemment, et si vous y croyez, il y a le cas particulier des flammes jumelles, où l'une fuit généralement l'autre. La légende veut que les âmes naissent d'un même feu, l'un, nommé « chaser » est donc la moitié de l'autre, « runner ». Il représente le yin et le yang. Le but est d'élever ces personnes dans la spiritualité, il n'est donc pas obligatoire qu'elle finisse ensemble bien que ce lien soit plus puissant que celui des âmes sœurs. En général on qualifie le « chaser » comme le plus confiant et assuré mais moins mature, tandis que l'autre plus mature serait le moins à l'aise et peut avoir beaucoup d'amis mais pas proches. Il y a le moment de la rencontre, le « runner » est celui qui s'aperçoit le dernier du lien. Vous pouvez vous attirer néanmoins vous repoussez comme des aimants. Lorsque les flammes jumelles en prennent conscience, le « runner » exerce son rôle en fuyant son partenaire, car les deux ont la même peur originel. Etant séparé dès la naissance, il ne s'agit autre que l'abandon, la trahison, le rejet mais aussi l'humiliation. Il veut éviter ce sentiment, alors paradoxalement il rejette son partenaire. On raconte alors que le « chaser » entre dans la nuit noir de l'âme. C'est une phase très sombre, qui peut durer plus ou moins longtemps, qui a pour but d'élever la personne spirituellement. On raconte que ce n'est que lorsque la personne s'aimera elle-même et qu'elle aura tout pardonné, qu'elle sera en paix qu'elle pourra retrouver quelque temps après son compagnon. Ils sont connectés alors le « runner » commencera à douter, à repenser au « chaser » et passe alors par la même étape, mais moins longtemps. Ils se retrouvent alors, il y a encore des petits défauts mais la dernière étape est l'union. Mais attention, car nous n'avons pas forcément de flammes jumelles.

Bref, un véritable amour, vous le sentez dans notre peau ; vous êtes comme « connecté » à l'être aimé. Parfois, vous essayez d'échapper à cette emprise car vous avez l'impression que l'amour que vous portez est si puissant qu'il pourrait vous briser. Mais, rien n'y fait : tout vous ramène à elle ou lui.

Je ne prétends pas donner une définition à cet amour : il ne s'agit pas tellement de « raisonner » puisque c'est de l'ordre du sentimental. Pour comprendre ce qui en résulte vraiment, il faut l'avoir expérimenté.

J'aurais envie de vous dire que c'est quelque chose de puissant. Vous vous sentez soudainement «vivre» auprès de cette personne, comme le disent beaucoup de gens. Surtout, vous savez que c'est la «bonne personne» dès que vous la voyez.

Vous parvenez à tout lui pardonner. Son nom peut tourner en boucle dans votre tête sans vraiment qu'il n'y ait de raison. Bien souvent, vous vous imaginez un avenir commun, faire des choses qui n'ont parfois pas de sens, etc. Tout cela, vous le pensez vraiment. Il ne s'agit pas de choses que votre esprit tente de vous imposer : c'est naturel, vous ne le contrôlez pas. J'ajouterais que sans cette personne, vous vous sentez vide, sans importance, comme si elle représentait votre vie. Elle devient toute une part de vous.

Maintenant, il y a l'amour amical.

C'est aussi quelque chose de précieux, mais pour que ce soit vrai, réciproque. Un ami, qu'est-ce que c'est avant tout ? Eh bien, la bonne question serait ; pourquoi donner une définition de ce qu'est un ami ? C'est juste lui/ elle/ eux. Effectivement, un ami peut avoir des comportements divers à d'autres personnes, il n'y a pas vraiment de points communs là-dessus. Comme je le disais tout à l'heure, vous n'aimez pas cette personne pour ce qu'elle a, mais pour ce qu'elle est. Dans le cas inverse, c'est que vous attendez un intérêt qui puisse vous servir. Vous n'êtes donc pas tellement heureux d'être avec lui/ elle/ eux.

Mais, si les vrais amis ont un point commun, c'est qu'ils vous aiment, vous font confiance autant que vous leurs en donnez. Bien souvent, vous avez des délires que vous seuls comprenez. Vous vous confiez mutuellement sans même vous en rendre compte puisque c'est naturel. C'est aussi quelqu'un avec qui vous voulez partager beaucoup de choses en tous genres.

Alors, vous pourriez vous demander où se situe la différence entre le sentiment d'amitié et le sentiment d'amour. Je dirais que cela se passe d'un point de vue émotionnel et physique. Et, bien qu'il y ait beaucoup de similitudes, vous ne rêvez pas d'embrasser un (ou une) ami(e), ni d'avoir des enfants avec lui (ou elle), encore moins de partager une vie de couple. Pour autant, les deux (amitié et amour) vous aident énormément pour avancer dans votre vie.»

Enfin, il y a l'amour familial.

En soi, j'aurais plutôt envie de dire «fraternel», pour plusieurs raisons. Tout d'abord, comme on le dit souvent: «on ne choisit pas sa famille». Certaines personnes n'ont pas la chance de naître dans une «bonne famille». Ou plutôt, de ne pas s'y sentir bien.

L'entièreté n'existant pas, on ne peut pas dire que quelqu'un est totalement «mauvais». Cependant, quelqu'un peut «mal» se comporter avec telle ou telle personne. Les anciennes traditions veulent que la famille soit celle du sang, la modernité, que ça soit les amis.

La réalité, c'est qu'une famille est un groupe de personne dans lequel on se sent bien. Cela peut très bien réunir notre «famille de sang», mais également nos amis, notre compagnon-agne. En fait, une «famille» se définit je pense, si ce n'est de manière aléatoire, alors de manière personnelle. Il m'est d'avis qu'elle réunit tous les critères d'une relation amicale, mais qu'elle peut également inclure un partenaire.

La raison pour laquelle certains disent que la famille est la chose la plus importante de leur vie se trouve ici: elle réunit toutes les personnes que l'on apprécie. Surtout, ces mêmes personnes ont de «bons» liens entre elles. C'est comme un réseau neuronal : tous les neurones sont connectés entre eux.

Voici une de mes théories.

<u>Un conseil :</u>

Faites bien attention à « comment vous vous sentez avec telle ou telle personne ». Tout d'abord, ne jamais nier ses sentiments négatifs. Une chose vraie : lorsque vous parlez aux concernées, les « bonnes » vous comprendront et essayeront d'améliorer la situation. Les « mauvaises », quant à elles, vont soit ne pas vous écouter et parler de leurs problèmes à eux, soit rejeter la faute sur vous ou soit encore partir. C'est bien ! Laissez-les donc partir !

Au sujet de l'amour : réfléchissez bien à « qui vous êtes », comme je vous l'ai suggéré un peu plus tôt. Certaines personnes n'ont pas la capacité à vivre l'Amour, pour diverses raisons, et souvent, cela devient très « prise de tête ». Concentrez-vous plutôt sur vos amis ainsi que vous ; sinon préférez les flirts.

Si l'Amour est l'une des plus belles choses qui soit au monde, il faut savoir que tout à un prix. Cela vous demandera donc quelques sacrifices. Pensez-y. Préparez-vous.

4.

Je peux aussi vous dire que l'amour nous aide à combattre la solitude, mais parfois non. Parce qu'il peut être un handicap. Quelle que soit notre situation, personne n'aime la solitude. Certains s'entourent de gens et peuvent devenir faux(sse), d'autres préfèrent rester seuls pour éviter la souffrance de se sentir abandonné : la vraie solitude.

L'être humain a besoin de vivre en société, car bien qu'il soit raisonné et censé être indépendant, il ressent des émotions, des sentiments, des besoins. Contrairement à certains animaux qui peuvent vivre seul, chasser pour manger, et s'accoupler sans que quelqu'un se soucie si le couple va durer, un homme a besoin d'un autre pour vivre. Ce qui en découle, ce sont beaucoup de problèmes de société, de politique, car chacun est plus ou moins dépendant de l'autre.

Tout le monde souhaite être entouré et aimé, dire le contraire ne serait que se voiler la face puisqu'il s'agit d'une caractéristique humaine. Bien que certains soient forts, chacun se retrouve un jour ou l'autre face à ses propres limites.

Plusieurs alternatives s'imposent alors, notamment lors d'une relation toxique : quitter la personne et finir seul, ou bien rester à ses côtés et souffrir. Certains ne verront pas de solution à ce dilemme. Pourtant, il en existe bien.

Souffrir n'est pas un choix.

Quelques-uns préfèreront subir ce tourment. Toutefois, au fond d'eux-mêmes, ils souhaiteront que quelqu'un vienne les aider à trouver une issue. Parfois, il n'y a que vous-même qui pouvez vous sortir du pétrin. Quoi qu'il en soit, vous devrez faire un choix tôt ou tard. Bien souvent, ceux qui choisissent la solitude mais qui ne la supportent pas, sont déprimés. C'est normal car c'est contraire à la condition d'humain.

Mais n'oubliez jamais : dans le monde, seuls les vainqueurs ont trouvé leur place et vivent vraiment. «Vainqueur» ne signifie pas «gagner tout le temps». Tout le monde perd à un moment donné, même les super-héros. «Vainqueur», c'est quelqu'un qui possède le courage autant physiquement que moralement de vivre.

«Vivre», qu'est-ce que c'est ?

Pourquoi cherchez à comprendre ou à donner une définition ? Demandez-vous plutôt quelles sont les «bonnes raisons» de vivre ? En réalité, il n'y a pas forcément de «bonnes» raisons à proprement parler. Pour moi, quelqu'un qui «vit», c'est quelqu'un qui «veut» vivre. C'est aussi quelqu'un qui a des rêves, des objectifs, qui veut ressentir. Mais plus important, c'est quelqu'un qui se relève de ses épreuves. Quelqu'un qui est sorti des ténèbres vous dira que, comme on est là, il faut profiter de vivre, que la vie n'a pas uniquement de «bons» ou de «mauvais» aspects, c'est un ensemble.

On est ici. C'est comme ça. Ce qu'il y a après la mort est incertain. Libre à ceux qui veulent, de mettre fin à leur jours, car je suis passé(e) aussi par-là, mais j'ai appris à me relever parce que je ne pouvais pas faire autrement. Des gens comptent sur moi, sur vous. Mettre fin à vos jours ne ferait que les stopper dans leur envie de vivre. Voulez-vous qu'ils finissent comme vous ? Probablement pas, alors relevez-vous, et regardez la vie autrement. Si quelque chose te déplaît, alors fait en sorte de t'en débarrasser.

Ne dis pas que c'est impossible, car tout est possible : c'est ta condition humaine et tes blocages psychologiques qui prétendent le contraire. Êtes-vous voué(e) à subir une vie déprimante et pesante ?

Non !

Détrompez-vous. si vous voulez être heureux, apprenez à prendre du recul. S'il y a des mauvais moments, il y en a aussi des bons. Apprenez à vouloir être heureux. À voir le bon côté des choses. À écouter ce que votre cœur dit au plus profond de vous.

Accrochez-vous donc à quelque chose et allez rechercher au plus profond de vous ce que vous désirez vraiment. Apprenez à prendre les bonnes décisions en regardant sur le long terme. Une dernière chose, ne craignez pas le monde car, paradoxalement, vous ne serez jamais seul(e). Il y aura toujours quelqu'un, même un inconnu, qui vous tendra la main, ou une aide de l'au-delà.

Voici une de mes théories.

Un conseil :

Pour votre bien, lorsque vous êtes entouré de «mauvaises» personnes, vous devez apprendre à vous éloigner d'elles même si ça vous fait mal à vous deux. La solitude n'est pas «forcément» mauvaise. Vous êtes juste renfermé(e) sur vous-même, et toutes ces questions vous angoissent. Cependant, comme je le dis, fuir n'est pas une option. Ce n'est que remettre les choses à plus tard.

Sans compter que vous vous causez plus de stress. Il faut que vous appreniez à vous écouter et à vous recentrer sur vous. La solitude est le pire des sentiments, ce qui fait que la solitude est notre pire ennemie. Alors, comment s'en sortir ? Le recul, voilà la clef. Être capable de laisser ses émotions de côté, mais aussi d'aller rechercher la force nécessaire en vous.

5.

C'est ainsi que je vous amène à ce sujet.

Tous ces ténèbres, ces personnes toxiques, cela pèse lourd au bout d'un moment. Pendant ce temps où vous plongez dans le flou obscur, à quoi pensez-vous ?

Bien souvent, vous imaginez que le monde entier est contre vous. Comme je le disais précédemment, vous pouvez même vous sentir inutile, vous ne comprenez pas quelle est votre raison de vivre si tout n'est que souffrance. Vous avez certainement l'impression que tous les malheurs s'enchaînent à la suite, et, fort ou pas, au bout d'un moment, vous n'en pouvez plus. Vous avez l'impression que c'est sans fin.

«Alors? Ça y est? C'est ma fin? La vie est vraiment horrible, je ne sais pas à quoi je suis censé(e) m'accrocher...»

«J'aimerais aider les gens qui sont dans mon cas, car je sais ce que ça fait, mais au fond, j'aimerais aussi que quelqu'un vienne me secourir…»

Ou bien:

«J'aimerais juste quelqu'un qui me comprenne… Oui voilà, quelqu'un qui d'un seul regard aura compris, qui saura se mettre à ma place, et qui ne me jugera pas. Juste, un petit soutien, c'est tout ce que je demande… Alors pourquoi je ne l'ai toujours pas? Est-ce que je ne compte que pour du beurre?»

«…Après tout, peut-être que je ne sers à rien?»

Vous y avez peut-être déjà pensé, et peut-être avez-vous voulu vous suicider, ou même avez-vous tenté ou probablement que certains sont vraiment passés à l'acte.

Lors de ce genres de moments, certains croiront que vous refaites une crise d'adolescence. Pourtant, ce n'est pas le cas. D'ailleurs, la crise d'adolescence ne devrait pas se faire considérer comme «bête»; on devrait la prendre plus au sérieux. Il s'agit simplement du premier éveil à la vie, tant d'un point de vue hormonal que d'une prise de conscience. Effectivement, la plupart revivront cela. La différence est qu'en devenant des adultes, on a un peu plus d'expérience comparé à notre adolescence. Considérez cette période normale, comme la preuve qu'on vit. L'adolescence, c'est avant tout de se poser des questions.

Peut-être qu'au fond vous êtes inutile, moche, stupide, cruel, et alors? Au fond, c'est ce qui fait que vous êtes «vous». Si vous possédiez toutes les qualités du monde, tout le monde les posséderait aussi. Mais cela deviendrait bien trop ennuyant - on se ressemblerait tous.

Vous devez vous accepter vous-même, parce que la «presque perfection» d'une personne se trouve justement dans son imperfection. Vous devez également accepter les choses que vous avez dû vivre.

Mon avis est qu'il y a certains évènements qui «doivent» se produire. Un peu comme une fatalité. N'oubliez pas que c'est ce qui fait que vous avez rencontré telle ou telle personne, ce qui fait que vous êtes qui vous êtes aujourd'hui, etc. N'oubliez pas non plus que (justement pour ces raisons) même s'il y a du «mauvais» dans le «bon», il y a aussi du «bon» dans le «mauvais».

Vous devez apprendre à accepter les choses, ainsi que la part sombre de vous-même, incluant ce que vous avez vécu. C'est un des chemins qui mènent à votre paix intérieure. Je vais vous dire autre chose : la lumière et les ténèbres se combattent depuis toujours. Mais à la fin, qui gagnera ?

Une légende indienne veut que ça soit le loup que l'on nourrit le plus. Un grand-père expliqua à son petit-fils qu'en eux, il y avait deux loups : l'un représentait les ténèbres, l'autre la lumière. Tous les deux à leur naissance sont équitables. Alors, si l'un des deux devait gagner, ce serait celui que l'on aurait le plus nourrit.

Comme je le disais donc précédemment, tout dépend du point de vue : si vous voyez toujours le mal, forcément, ce sera le loup des ténèbres qui prendra le dessus. À l'inverse, si on est positif, ce sera le loup de la lumière.

Mais, par-dessus tout, souvenez-vous de ce que je vous avais dit : les ténèbres ne sont pas forcément mal. Comme vous le savez tous, le combat entre la lumière et les ténèbres est infini. Alors dîtes moi pourquoi persistez-vous à croire qu'il y aura un vainqueur ? Vous voudriez donc combattre votre autre moi jusqu'à la mort et au-delà ? N'existe-t-il pas une autre voie ?

Faire la paix. Faire la paix, remémorez-vous-en, est aussi une option. Elle est celle qui est en fait moins fatigante que la guerre. Cela demande beaucoup de tolérance et d'acceptation. J'ai envie de dire: «c'est tout». Forcément, dit comme ça, c'est facile. Cela demandera beaucoup de travail sur soi-même, et cela prendra du temps. Ne craignez pas d'être franc avec vous-même, de découvrir votre vraie nature, car même si au début c'est dur, vous verrez que tout sera plus facile.

La clé?

L'acceptation, la tolérance par un travail sur soi-même.

Voici une de mes théories.

Un conseil:

Méditez dans un coin, réfléchissez à qui vous êtes vraiment. Écrivez sur un bout de papier vos bons et mauvais côtés, ou bien les bonnes et mauvaises choses que vous avez faites, que vous avez vécues.

Comme nous sommes des êtres humains, nous avons besoin de raisonner. Alors essayez de comprendre réellement «pourquoi» vous avez fait ou subi telle ou telle chose, grâce à des phrases, puis en un mot: l'abandon? La jalousie? La colère? Peu importe mais réfléchissez-y.

N'ayez pas honte de qui vous êtes et ne reniez jamais votre part d'ombre: tout le monde en possède une.

6.

Eh bien, vous constatez que nous avançons petits pas à petits pas. Nous voici à la 6ème théorie, qui nous amène à ce sujet : la confiance. Il y a d'abord la confiance en autrui, mais aussi la confiance en soi.

La confiance, qu'est-ce que c'est ?

Comment pouvoir l'expliquer ? Effectivement, c'est un concept simple mais plus ou moins compliqué à aborder. Je pense que je pourrais le définir comme : pouvoir compter en toutes circonstances sur quelqu'un, généralement assez proche de nous. C'est aussi reconnaître ses propres capacités et, d'une certaine manière, garder espoir.

La confiance aux autres est très importante pour la confiance en soi. Simplement parce que vous vous sentez soutenu(e), compris(e), mais surtout moins seul(e). Le dicton veut «qu'à plusieurs, on est meilleur(e)s». C'est, effectivement, quelque chose de vrai. Faire confiance aux autres, ce n'est pas juste raconter ses potins et être entouré(e). C'est, réellement, savoir que l'on peut compter sur ces personnes lorsque ça ira mal. Quelqu'un combattra avec vous.

Autrement dit : l'un des remèdes efficaces contre la solitude est la confiance. Malheureusement, parfois, souvent, et même généralement, on pense pouvoir compter sur quelqu'un, cependant il/elle n'est pas là pour nous quand on en a le plus besoin : c'est l'abandon. Il s'agit d'une forme de peur que l'homo-sapiens a développé, puisque vivre en société implique de ne pas être seul.

On se referme alors sur soi, et, par peur de l'abandon, on s'éloigne des autres. Vous sentez une forme de solitude plus ou moins consciente, surtout lorsque vous voyez les autres qui eux, peuvent compter sur quelqu'un. Alors voilà que la plupart perdent confiance en eux. Vous pouvez culpabiliser : vous vous demandez si vous avez fait quelque chose de mal et parfois, si finalement vous êtes réellement fait(e) pour être avec quelqu'un. Vous voyez alors de moins en moins vos qualités. Cela est encore plus conséquent lorsque vous vous sentez pointé(e) du doigt.

Et pourtant, la confiance est l'un des concepts les plus importants dans la vie. Sans confiance, vous vous retrouvez seul(e), et plus le temps passe, plus vous déprimez. La nature de l'être humain est de vivre en société, alors il est compliqué de rester heureux lorsqu'on est trop longtemps seul. Parfois, c'est nécessaire pour se recentrer sur nous, mais lorsqu'on parle en mois ou même en année, c'est bien trop.

Dans ce genre de période, le plus difficile est qu'on souhaite que quelqu'un nous aide, mais d'un autre côté, on n'arrive pas à demander parce qu'on ne sait pas si on peut compter sur qui que ce soit. On aura tendance à croire que si on demande de l'aide, il faudra forcément quelque chose en échange, ou bien il y a la peur que nos secrets soient encore dévoilés, et peut-être que vous avez-vous-même l'impression de manipuler les autres en voulant chercher de l'aide. Effectivement, certaines personnes adorent aider les autres, mais n'aiment pas qu'on les aide à cause de cette vague impression.

Alors, comment faire? Eh bien, c'est un combat entre vous et votre méfiance, l'un des plus difficiles. Vous devez réapprendre à faire confiance aux autres, mais attention, aux bonnes personnes. Il faut que vous arriviez à les différencier des autres. Vous n'êtes pas obligé(e) de trop vous impliquer, ça peut être une petite amitié sur des réseaux sociaux, une personne à qui vous demandez des nouvelles par-ci par-là.

Pour celles et ceux qui se sentent prêts et qui ont rencontré les bonnes personnes, alors faites leur confiance. Important : n'attendez jamais rien de la part des autres. Si vous faites quelque chose, c'est parce que vous le voulez, pas pour qu'on vous rende la pareille. C'est une des règles de base. Ça évite de chuter de haut et d'espérer. C'est l'un des pires combats intérieurs qu'on peut avoir, mais quoi qu'il en soit, la seule solution est de gagner. Ne confondez pas temps avec perdre, car effectivement ça va être long.

N'essayez pas de brûler les étapes. Le but, ce n'est pas d'aller au plus vite. Vous combattez une de vos peurs originelles, alors qui êtes-vous pour croire que vous allez y arriver aussi facilement ? Cela demande un travail énorme, certes, mais n'oubliez pas qu'une fois que c'est passé, c'est passé. Si vous faites tout bien, alors il n'y aura pas de raison pour que vous perdiez encore confiance, ne serait-ce qu'en vous.

Voici une de mes théories.

<u>Un conseil :</u>

Vous devriez comme je vous l'ai dit réfléchir sur vos mauvais, mais surtout sur vos bons côtés. Dîtes-vous que chaque humain est comme il est, et que comme dans une fourmilière, vous avez un rôle à jouer. Quant aux autres, confiez leur d'abord quelques trucs, essayez de les analyser avec des questions, comme ce qu'ils pensent par exemple de certains sujets tabous.

Les personnes ouvertes d'esprits sont généralement celles sur lesquelles on peut compter le plus. Il y a notamment certaines choses qu'on ne peut pas garder pour soi, car ça peut nous détruire de l'intérieur, notamment la haine.

Si vous êtes croyant(e), vous pouvez parler à un prêtre. Si vous avez du mal, vous pouvez créer ou intégrer un groupe de personnes anonymes, sur les réseaux ou dans la vraie vie, pour dire ce que vous avez sur le cœur. C'est la meilleure solution, car ces gens sont comme vous, et ont besoin de se confier sans être jugés. Ce genre d'association vous fera sentir soutenu.

7.

Maintenant, laissez-moi vous parler d'un sujet phare : le monde. C'est un sujet bien vaste, il y a tant à dire. Je vais tenter de vous résumer tout cela en quelques lignes.

Le monde, c'est quoi ?

C'est d'abord la planète terre, le lieu où on habite, mais plus généralement, c'est la société humaine.

Une question importante, est-on vraiment libre ? Comme je le disais dans une de mes citations, la forme fait qu'on ne l'est pas, mais la vérité, c'est qu'on l'est. Chacun est responsable de ses choix et de ses actes. Peut-être que d'autres personnes interviendront, mais en vérité la décision vous appartient. Si vous désirez vous échapper de la société, des lois, rien ne vous en empêche. Le problème, comme expliqué précédemment, c'est qu'on a été conditionné pour vivre ensemble. C'est l'une des bases de l'être humain.

Aussi, vous n'êtes pas totalement indépendant. L'entièreté n'existe pas. En revanche oui, on peut être libre et dépasser ses conditions humaines. Si vous voulez arrêter de fumer, de boire ou je ne sais quoi, ne dîtes pas que c'est à cause des addictifs, car c'est bien vous qui prenez la décision de continuer. D'un autre côté, il est sûr qu'on a besoin de détermination. Mais n'oubliez pas que la liberté a un prix. Si vous voulez être libre, il faut d'abord prendre conscience de certaines choses, et passer à l'acte.

Ensuite, nous avons été conditionnés sur cette base : travail puis récompense. Nous ne gagnons que notre vie en ayant de l'argent, et pour avoir de l'argent il faut travailler. Bien sûr, l'argent ne fait pas la vie. Un simple petit train-train, avoir quelqu'un de confiance et qu'on aime à nos côtés suffiront pour certains, car ils auront trouvé leur bonheur.

Mais pour vivre, nous avons au moins besoin d'argent.

Pourquoi avoir créé ce système ? Moi, je pense que c'est pour privilégier certaines personnes par rapport à d'autres. Normalement, les gens qui travaillent plus, gagneront plus d'argent car elles auront fourni plus d'efforts.

Mais, il se trouve qu'il y a aussi des inégalités.

En soi, privilégier des personnes et leur donner plus d'argent qu'un chômeur peut être ressenti comme une injustice car il n'y a pas d'égalité. Cependant, le fait est que, dans un sens, l'injustice résiderait alors dans le fait que le demandeur d'emploi gagne autant que quelqu'un qui travaille d'arrache-pied, du moins d'un point de vue strictement synthétique.

En fait, il ne s'agit pas d'égalité mais d'équité.

Autrement dit, le système de l'argent est quelque chose qui nous appâte et qui nous maintient dans une société, en combattant un des péchés capitaux : la paresse. Que se passerait-il, s'il n'y avait pas d'argent ? Par exemple, les agriculteurs auraient gardé la plupart de leurs récoltes pour eux, tout le monde serait mort de faim, et à vrai dire il y aurait eu des guerres. Il y a bien sûr d'autres exemples, mais ce qui fait qu'on a une conscience est avant tout « grâce » à l'argent, qui nous fait tant réfléchir. En y prenant réflexion, beaucoup de choses s'y rapportent, et souvent, il se retrouve comme un obstacle, bien que ça soit lui qui nous donne conscience de notre valeur – d'un point de vue économique et non moral.

Maintenant, plus terre à terre : je trouve qu'il y a beaucoup de gens qui oublient que la Terre est vivante. Oui, elle est bel et bien vivante. Chacune de ses particules est constituée d'atomes et d'ions, comme nous, ce qui fait que physiquement nous sommes vivants.

Les animaux sont également vivants, tout comme les végétaux.

J'ai même envie de vous dire que les pierres sont elles aussi vivantes. Beaucoup ne me croiront pas, pourtant c'est vrai. La seule différence est que nous avons acquis un très haut niveau de savoir. Mais après tout, les animaux peuvent aussi en avoir, car, à y regarder de plus près, ils ne s'entretuent pas entre membres de la même espèce, du moins pour la plupart. Nous ne pouvons pas réellement communiquer avec eux, parce que nous ne sommes pas de la même espèce. Aussi, nous avons pensé qu'ils étaient dénués de raison alors qu'au contraire ils se pourraient bien qu'ils en soient pourvus. Personne ne peut vraiment dire « oui » ou « non » ; ça reste tout de même un mystère.

Comme dit plus haut, ils sont bel et bien vivants à l'instar des végétaux ou des Hommes.

Ils ne disposent pas seulement des 5 sens. Rien ne nous dit qu'ils ne possèdent pas également une âme, une capacité à réfléchir autre que les neurones. L'humain rapporte toujours à ses propres connaissances. Il a peur de l'inconnu (la crainte originelle) et considère que, comme ils ne sont pas humains, ils ne peuvent pas penser. Ça, personne ne pourra le démontrer.

En revanche, nous polluons tous notre planète, et bien qu'elle ait besoin de nous, ce n'est pas une raison pour l'exploiter. Nombreux politiques se moquent bien de l'avenir de la planète ; sans doute pensent-ils qu'ils ne seront plus là lorsque la catastrophe arrivera ? Ils profitent donc au maximum de la « liberté » dont ils jouissent, tout en se cachant derrière de beaux discours.

Cet acte peut paraître, certes, égoïste, mais posons-nous la question : comment nous-même agissons-nous ? Certains se soucient beaucoup de la planète pendant que d'autres bénéficient de leur pouvoir. En fait, si les deux n'ont pas tort, les premiers ont raison de ne pas oublier les futures générations. La société humaine a besoin de gens pour évoluer. Si elle vieillit trop, elle finira par disparaître. Les générations futures sont l'avenir de l'humanité.

D'un autre côté, nous n'avons qu'une vie, donc on pourrait se demander après tout, pourquoi se préoccuper des autres ? Pourquoi ne pas profiter au maximum de cette vie ? Simplement parce qu'on ne sait pas ce qu'il y a après la mort. Peut-être serez-vous réincarné sur Terre, ou puni par les Dieux de vos fautes. Puni, pourquoi ? Parce que pour certaines croyances, Dieu aime tout le monde, pour d'autres, il s'agit d'une histoire d'équilibre, etc. Et puis, la raison la plus évidente est simplement parce que nous sommes redevable à la planète. Ne devrait-on pas reconnaître que c'est grâce à elle que l'on vit ? Qu'elle est notre seule maison ?

En somme, la société est quelque chose de compliqué. Bien que l'argent soit une source de problèmes, c'est que qui nous permet de vivre, l'une des sources qui nous donne conscience. Néanmoins, pour être plus ou moins libre, il faut savoir dépasser ses conditions, dans la limite du respect du monde qui nous entoure, car lui aussi est quelqu'un de vivant.

Voici une de mes théories.

<u>Un conseil</u> :

Méditez sur votre relation vis-à-vis de l'argent. Demandez-vous pourquoi c'est si important et essayez de combler les vides, de vous dire que finalement ce n'est peut-être pas si important que ça.

Pour être libre, comme je le disais, il faut prendre conscience mais aussi passer à l'acte. Passer à l'acte demande de devoir faire des sacrifices. N'oubliez pas que vous ne pouvez pas tout avoir. Enfin, si vous voulez que la planète aille mieux, pensez «écologie», privilégiez le naturel, faites aussi le tri. C'est la base.

8.

Puisqu'on parle du monde, il faut aussi parler de la vie. C'est un thème qui revient souvent dans mes théories mais celle-ci lui est réservée.

Le chiffre 8 est un peu particulier car si on le positionne à l'horizontal, on obtient le symbole de l'infini. Peut-on en dire autant au sujet de la vie ? Est-ce qu'elle est infinie ? J'aurais tendance à répondre «bien sûr» car tout est une question de point de vue.

Qu'est-ce que «la vie» ?

C'est avant tout notre vécu, qui est notre définition personnelle. Son identité ? Tout le monde sait que «vivre», ce n'est pas un chemin tout tracé. Rien n'est parfait, du moins le temps que nous nous plaçons du point de vue «humain». Généralement, nous pensons «imperfection» car nous subissons des choses qui nous affectent négativement. Or, nous ne pourrons jamais savoir si notre vie est parfaite ou non, mais, d'un point de vue humain, ce n'est pas le cas.

Posons-nous une autre question : qu'est-ce que c'est «avoir une vie»?

En fait, on ne sait pas trop, c'est assez flou. Beaucoup diront qu'il s'agit d'avoir un objectif, des rêves, être heureux, être riche, célèbre, avoir une vie sociale…

«Avoir une vie» est un principe complexe. Par exemple, les gens qui «baignent» constamment dans la peur, la faim, et toutes ces choses horribles, ils «vivent» tout de même. On ne peut pas dire qu'ils ne sont pas en «vie».

Il faut donc faire une différenciation physique, psychologique, voire philosophique.

Avoir une vie «physiquement», c'est être là «physiquement», et c'est, pour moi, quelque chose d'éternel. Pourquoi ? Simplement car même lorsque vous mourez, votre corps est toujours là. Même s'il change de «forme» en se faisant manger par exemple. Comme l'explique Mufasa à Simba dans le film d'animation «Le Roi lion»: «les lions mangent les antilopes. Lorsque les lions meurent, leur corps se transforme en herbe et l'antilope mange l'herbe. C'est ainsi que chacun est un chaînon du grand cycle de la vie.»

Ainsi, à notre mort, notre corps reste présent en tant que milliers d'atomes séparés les uns des autres : il peut être changé.

Il en va de même pour notre histoire.

Notre vécu est quelque chose qui s'est «passé», qui appartient plus ou moins «au passé». Or, ce passif, on ne peut pas le modifier. Il est resté dans l'histoire et d'une quelconque manière influence le futur. Notre présence en soi aussi, sera éternelle ; ce pour les mêmes raisons.

On peut donc en déduire que la vie est éternelle.

En conséquence, en suivant ce concept, nous n'avons pas besoin d'une santé pour «vivre». C'est tout de même quelque chose d'important, car lorsqu'on ne l'a plus, on meurt «physiquement». Pour autant, notre corps reste bien encore là, «en vie».

En réalité, la santé est ce qui relie notre corps à notre esprit, notre âme. La santé est importante pour qu'on vive longtemps, mais, cela n'a jamais été la chose la plus importante pour moi. Chaque humain meurt un jour, la santé ne fait qu'étendre un peu plus notre «vie physique».

Certains seront furieux d'entendre ça et je comprends leur point de vue, mais comme l'expression «Il vaut mieux vivre dans une chaumière où l'on est heureux que vivre dans un château où l'on pleure», alors «il vaut mieux avoir une courte vie heureuse qu'une longue vie triste».

Imaginons juste une seconde ce que ça serait que d'avoir une longue vie triste. Qui voudrait de ça ? Ou sinon, serait-ce simplement que nous craindrions la mort ? Peut-on la fuir ? N'est-elle pas le destin, la fatalité de la vie ? Finalement, la peur, ne nous empêche-t-elle pas d'accéder au bonheur ?

Je vais vous donner ma pensée au sujet d'Adam et Eve. Ils étaient heureux avant d'être bannis du Paradis et de mourir en expérimentant les ténèbres. Mais s'ils étaient vraiment heureux avant d'avoir accès au savoir, ils n'auraient jamais dû «connaître» la mort, ni même en prendre conscience. Ils auraient dû «vivre» heureux, dans cette insouciance. Serait-ce donc le savoir qui nous fait défaut et place des peurs au fond de nous ? Je crois que si on n'avait pas acquis autant de savoir, tout le monde serait heureux car personne ne se rendrait compte du mal qu'il peut faire.

Mais, qu'est-ce que la vie au niveau psychologique et philosophique ?

C'est tout d'abord «vouloir» vivre. Sans désir, espoir, la vie n'est qu'un long passage ennuyeux où l'on erre sans but. On n'a donc conscience de rien, on se laisse couler sans savoir à côté de quoi on passe. Néanmoins, il s'agit d'un certain confort pour quelques-uns, car ils se sentent mieux ainsi, par peur de risquer quelque chose. Une personne qui a des désirs, des espoirs et qui les atteint : tout devient comme ces personnes sans but, comme des retraités, néanmoins la différence est qu'ils ont une satisfaction : celle d'avoir accompli quelque chose. Heureux de leurs exploits, ils vivront mieux ; un peu comme : «ils vécurent heureux et eurent beaucoup d'enfants».

Il me paraît évident que la vie reste toujours aussi compliquée. Cependant, une fois que l'aventure est finie, quelle est l'importance de raconter une vie sans rien d'intéressant ?

En revanche, quelqu'un qui a des désirs, des espoirs constants mais qui ne les a pas encore accomplis sera en plein dans le cœur de l'aventure. Il fera tout pour y arriver, traversera des épreuves dures et heureuses qu'il vivra à 100%, à condition évidemment d'être motivé.

C'est une des conceptions de la vie : l'aventure.

Bien sûr, vivre, c'est avant tout se sentir heureux. L'aventure plaît à certains, il est vrai qu'on est souvent complet quand on vit des expériences inoubliables. Les difficultés nous amènent souvent à penser que la vie est «dure», psychologiquement. Il nous faut alors surmonter ces épreuves qui nous donneront ensuite la satisfaction d'être «là où nous en sommes».

Les difficultés nous font prendre conscience du bonheur, et je peux même ajouter qu'elles nous font prendre conscience de ce qu'est le bonheur. C'est comme un équilibre : sans bas il n'y a pas de haut.

La vie, c'est beaucoup de choses. C'est à la fois «nous et les autres», «le bien et le mal», en fait c'est un tout. C'est ce qui réunit tout ce qu'est et possède l'être vivant.

Peut-on dire qu'on a la chance de vivre ?

Concrètement, nous ne pouvons pas savoir si on peut en avoir plusieurs, sous formes différentes ou non, donc nous ne pouvons pas savoir si être là en tant qu'humain sur cette Terre du système Solaire est effectivement une chance ou non.

En revanche, si on tient seulement compte du concept de vie «ici et maintenant», je dirais que ce sont toutes nos bonnes ou mauvaises expériences qui nous font prendre conscience du véritable bonheur. Ce bonheur est le plus beau cadeau que la vie puisse nous offrir

Chaque être détient son yin et son yang, rien n'est tout blanc ni tout noir, mais nous avons la chance de vivre car nous avons été ce petit spermatozoïde qui a eu la chance de savoir ce qu'est le bonheur parmi la souffrance.

Chacun a son heure de gloire, de bonheur, n'en doutez jamais, seuls les impatients ou les peureux loupent l'occasion de la grande vie. Notre savoir s'évanouit un jour, mais c'est peut-être une sorte de retour au bonheur : libérer notre corps de conscience. Comme je l'avais dit en citant le roi lion, il vit éternellement en suivant le cycle de la vie. Finalement, cela ne revient-il pas à être ce qu'était Adam et Eve avant d'avoir mangé la pomme ?

S'il y a une dernière chose à dire, c'est que même en tentant de se suicider, par exemple en se noyant, qu'on le veut ou non, on va finir par se débattre, car une part de nous voudra toujours être en vie. En nous suicidant, ce n'est pas notre vie que nous voulons enlever, mais une partie de nous, les mauvaises choses.

Parfois, il peut arriver de penser que la vie ne vaut pas la peine d'être vécue, car les épreuves peuvent paraître insurmontables. Dans de terribles moments, on est à bout. On ne voit pas de finalité si ce n'est de tout arrêter. Mais, même dans ces horribles épreuves, notre inconscient a comme des soubresauts. Il se débat. Comme si la vie voulait reprendre le dessus. Comme si la vie voulait sortir vainqueur. Je dirais que la vie doit être vainqueur. N'oubliez pas ce que j'ai dit : vivre est une chance. Surmonter les pires épreuves apporte la plus grande des satisfactions, et si ce n'est un grand bonheur, une immense fierté.

Voici une de mes théories.

Un conseil :

Demandez-vous quel est votre véritable objectif dans la vie, quelle est votre vie, ce que vous désirez réellement.

Pour pouvoir être heureux, ne cherchez pas d'excuse du genre 'non ce n'est pas possible', mais soyez plus dans la mentalité d'y arriver. Ça ne sert à rien de pleurnicher et d'être dans cette mentalité car de toute manière vous n'y arriverez pas comme ça. En revanche, si vous tentez quelque chose, vous aurez plus de possibilité d'obtenir ce que vous cherchez : le bonheur. Pour ça, il y a toujours des sacrifices car tout a un prix, la chance elle-même ne s'attire pas comme ça, il faudra donc être apte à les faire. C'est ce qui vous fera prendre conscience du bonheur qui se trouve une fois au sommet des marches.

9.

Après avoir parlé de la vie, pourquoi pas ne pas parler de la mort ? Surtout dans cette théorie 9 ! Ce chiffre est « la marque de l'accomplissement final, de l'universel, il permet d'ouvrir les horizons et d'élever les consciences ». En tant qu'être humain, nous considérons que la mort est la fin de notre vie car nous ne connaissons pas ce qui se trouve au-delà.

Mais alors, qu'est donc la mort ?

La mort est l'une des choses les plus mystiques au monde, et elle ne se rapporte pas seulement qu'aux croyances. S'il y a bien une chose de sûre, c'est que une fois l'étape passée, on n'est plus les mêmes.

Tout est incertain.

Pour ceux qui ne croient pas aux réincarnations et ce genre de choses, alors il s'agit d'un châtiment final, la fin de tout. Nous serions donc plongés dans une sorte de néant, de vide où nous n'aurions plus conscience de notre corps. Souvent, ces personnes craignent la mort, car elle représente cette fin, comme lorsqu'on ferme un livre que l'on vient de finir de lire.

Le point positif est que ça motive les gens à vivre leur vie à «100%». Toutefois, après la mort, c'est simplement l'inconnu à l'état pur. Et comme vous le savez, il s'agit de la principale peur de l'humain.

C'est probablement pour combattre cette peur que les humains ont créé les croyances. Il est sûr qu'entendre parler de «vie éternelle», de «réincarnation», de «résurrection» ou de tout autre concept, est réconfortant pour une majeure partie de l'humanité.

Si une personne «échoue» dans sa vie terrestre, elle aura l'espérance de connaître le bonheur dans une autre. Mais cela lui donne aussi une raison «aux pourquoi» des difficultés de la vie. Une autre, bien meilleure les attend après la Mort.

Il m'est d'avis que les religions ont été conçues pour régir et maintenir un certain ordre dans la société en faisant la promesse aux Hommes d'obtenir quelque chose de meilleur après la mort s'ils suivent certaines règles.

Sans cet espoir qu'après la mort nous attend une vie éternelle, ou autre concept de promesses merveilleuses et apaisantes pour l'âme, il serait, je pense, plus difficile de contenir une partie de la population qui ne pourrait plus se tourner vers Dieu mais qui attendrait alors, consciemment ou non, de la société qu'elle lui offre cet espoir.

Mais la vie n'étant pas parfaite comme les religions le prétendent après la mort, les gens seraient révoltés et il y aurait beaucoup plus de guerre.

La mort est une transition entre la vie et ce qu'il y a «derrière». Ce ne serait donc qu'un passage à travers «autre chose», néant ou nouvelle vie. Souvent, sur les cartes divinatoires, la Mort représente le changement. Les religions elles-mêmes nous disent que c'est un passage vers une autre vie.

Personnellement, je crois aux réincarnations. Je pense que si on ne vivait qu'une seule vie, on irait directement au paradis. Il me semble qu'il y aurait alors un surplus d'âmes. Ainsi, dans l'éventualité où nous aurions fait de mauvaises choses ou que nous n'aurions pas accompli notre devoir, cela nous permettrait de nous «rattraper». Je vous ai déjà dit que je considérais la Terre comme une sorte de prison, de purgatoire, donc il serait logique que, l'humain étant fragile car facilement tuable, ait «droit» à plusieurs vies.

En reprenant ma deuxième théorie, beaucoup diront que la Mort ce sont les ténèbres. Dans cette logique, comme je l'expliquais, c'est quelque chose dont on a peur. Depuis notre plus tendre enfance, nous baignons dans certains stéréotypes comme la lumière est bonne et les ombres sont mauvaises.

Pourtant, lorsqu'on atteint le fond, on ne craint plus de tomber plus bas. On combat la peur de l'inconnu; on peut aller vers le bonheur. Peut-être que dans un sens, ça se passe de la même manière avec la mort. Il ne faudrait donc pas la redouter. Ce que je veux dire, c'est que la mort de toute manière est une chose inéluctable : ça ne sert à rien d'essayer d'y échapper.

Profitons plutôt de la vie sans nous soucier de ce qui pourrait advenir, mais bien évidemment, dans le respect de l'autre et de la vie, quelle qu'elle soit.

Reprenons mon point de vue : la Mort est une forme de renaissance, un passage de vie vers «autre chose». Si on ne connaît rien sur ce qui se trouve «après», il serait sans doute judicieux de se concentrer sur «cette vie»; celle que chacun d'entre nous mène ici et maintenant. On ne sait pas si effectivement, on n'en possède qu'une, ou si, dans le cas contraire, c'est la dernière que nous «vivons». C'est donc une bonne raison pour en profiter car si notre vie sur Terre connaît, il est vrai, de bons comme de mauvais côtés, il est préférable se concentrer sur les bons, simplement pour éviter les regrets.

Voici une de mes théories.

Un conseil :

Si vous avez peur de la Mort, plusieurs options s'offrent à vous. Soit vous essayez de l'enfouir en vous, soit vous essayez de croire en «autre chose». Hasardez-vous à vous dire que quelque chose de meilleur vous attend, et que la Mort n'est qu'une transition. Pour les personnes désespérées, je sais que ça peut paraître difficile mais c'est le meilleur choix car ça nous aide à combattre la dépression. Enfin, pour les plus courageux et déterminés, c'est de se dire que de toute manière, on va mourir un jour : on doit se faire à cette idée et faire en sorte que ça soit une motivation pour vivre à fond.

3.Poésies

On my life then rose the Day

On my life then rose the **D**ay,

Of a sun **I**lluminated.

My nights were only **O**bscured,

Then you offered me some **G**aiety.

Now, with you, my live has **O**bjective…

Destiny brought us together,

I couldn't try to prevent it,

And anyway, I just want it.

I dream that you are there,

Because I am falling in love…

Ça ira mon amour

Ça ira mon amour,

Si personne ne t'écoute,

Je serais ton secours.

Ça ira mon amour,

Si de toi on s'en fout,

Je serais ton recours.

Ça ira mon amour,

Si en route tu te gourres,

Je serais ton détour.

Ça ira mon amour,

Si tu veux voir le jour,

Je serais ton épouse.

Et même si tout devait être pour le pire,

J'affronterais donc avec toi l'empire…

Diolène

My darling

My **D**arling, only remember these days,

When we were **I**ndestructible, since we

Fight this **O**bscured life so absurdly,

Before saw the **L**ight into our ways.

When I met you, the **E**vidence hit me,

As moon and sun, in the **N**ight, in beauty,

Destiny brought us as **E**llipse brought
them…

Comme un jour au tableau florissant du printemps

Comme un jour au tableau florissant du printemps,

Je t'ai attendu, affrontant ces ères glacées,

Mais voilà que ce brave bonheur m'a réveillée,

Que tes beaux yeux illuminent ma vitalité,

Que ton rire embaume mon cœur volé par le temps.

Tu es un joyaux dont les contours me fascinent,

Celui dont l'éclat nourrit mon âme si meurtrie,

Mon bel ange gardien qui d'un regard me guérit,

Dont l'arme blanche vient prendre la raison

maline…

Pour moi

Pour moi,
Parmi toutes ces nocturnes et belles étoiles,
Seul toi brille le plus sur cette banale toile.

Pour moi,
Parmi tous ces profonds lacs colorés,
Seul les tiens me font de joie, pétiller.

Pour moi,
Parmi tous ces êtres vivants existants,
Seul toi est au fond de mon cœur, vivant

Avant de te connaître, j'étais juste moi,
Mais à présent, je suis une femme prospère.
Avant de te voir, j'étais ordinaire,
Mais à présent, je suis malade de toi…

Ce doux
sentiment

Tout comme un beau et chaleureux Soleil,
Tu me réchauffes par de belles merveilles.
Tout comme l'horizon de ma destinée,
Je ne suis qu'à toi seulement assignée.
Tout comme une bienveillante lueur d'espoir,
Tu m'as permis dans la noirceur de voir.

Depuis ce jour, où je t'ai rencontré,
La vie me semble bien plus émerveillée.
Depuis ce jour, où j'ai croisé tes yeux,
L'avenir me semble beaucoup plus heureux.
Et s'il y a une chose dont je suis sûre,
C'est que je fais de toi mon beau futur…

Amant

Pour moi, tu es mon prince charmant,
Celui qui hante mes rêves d'amants,
Cet éternel noble chevalier,
Celui qui vient me kidnapper.

Pour moi, tu es tant mon voleur,
Celui qui a braqué mon cœur,
Cet éternel indépendant,
Qui fait de moi son rare diamant.

Pour moi, tu es seulement toi.
Mais seulement toi, c'est bien plus
Que simplement et juste toi,
Car je t'aime comme le seul élu…

Cette si parfaite femme

Tes yeux de chocolats, ton regard lumineux,

Tes lèvres exquises, ton sourire radieux,

Ton rire enthousiaste, ta bouche savoureuse,

M'emplissent de joie chaque jour, chaque jour j'en
suis heureuse.

Ton esprit vif et serein, ta conscience paisible,

Ton âme si colorée, tes manières si graciles,

Et les courbes si harmonieuses de ta silhouette,

M'inspirent de jolies pensées, qui semblent si
parfaites.

Je me perds dans la contemplation de ton si

Magnifique portrait, et de cette apparence si

Vivante, fluette et radieuse que j'apprécie tant.

Mais, sans un doute, ce que j'apprécie tout autant,

Et ce ventre délicat, cette flore rouge si fragile,

Qui renferment tous ces sublimes papillons agiles.

Chère amie

Tu m'as toujours impressionnée,
Comme lorsque tu m'as réconfortée.
Tu m'as toujours consolidée,
Comme lorsque j'étais désarçonnée.

Cher amie,
On a partagé plein de joie
On a décidé plein de choix
Ensemble, car on s'est soutenues.

Cher amie,
Dans les pires comme les bons moments,
On s'est battu en souriant,
Ensemble nous avons combattu.

Cher amie,
Laissez-moi donc vous remercier
D'être toujours là et flamboyer
À mes côtés pour affronter
Cette chère vie…

J'aimerais

J'aimerais
Que mes rêves romantiques et si magiques,
Ne soit pas que mythologiques.

J'aimerais
Que tu me prennes dans tes chaleureux bras,
Pour qu'avec émerveillement j'y crois.

J'aimerais
Que cette radieuse vie soit merveille et rose,
Pour qu'avec contentement je l'arrose.

J'aimerais,
Que la vie soit une simple paisible rivière,
Pour que je puisse m'y immerger légère.

J'aimerais tant de choses,
Mais hésitante je n'ose
Dire cet idéal faux…

Fantôme

Pourquoi tu me blesses et rejettes,
Alors que je te donne amour ?
Pourquoi ne suis-je qu'un simple recours,
Quand tu es de moi satisfaite ?

Et de toutes les façons qui soient,
Tu ne t'attentionnes pas à moi,
En mes amers pleurs n'as-tu foi,
Stupide me dis-je penser à toi.

Chaque fois que tu te donnes au mieux,
C'est clairement pas pour mes yeux,
Mais pour rendre jalouse une personne.

Moi, pour toi, je ne suis qu'un fantôme,
Un fantôme seul dans son triste dôme.

Chaque instant...

Chaque belle journée qui passe,
Tu sembles si près de moi,
Mais malheureuse impasse,
Jamais ne sera le cas.

Chaque sombre nuit d'étoiles,
Je rêve de tes grands bras,
Mais au bout de la toile,
Ne s'y trouve qu'un trou noir.

Chaque mois qui se déroule,
J'attends le grand jour,
Mais le temps qui me saoule,
Fait comprendre qu'il s'écoule.

Chaque heure que je vois défiler,
Je suis énamourée,
Mais pourquoi persister,
Puisque tu n'es pas touché ?

Je t'aime

PARIS

Le bel Amour

Le bel Amour est chaque pulsation de ton cœur,
Car sans lui, la vie ne deviendrait que rancœur.
Le si bel Amour te donne le courage de vivre,
Car sans lui, certain, de noirceur tu serais ivre.

Le bel Amour est aussi l'un des rares diamants,
Car même si richesse te comble généreusement,
Jamais ne seras-tu ô mieux récompensé.

Le si bel Amour est le seul mirage concret,
Car bien qu'il reste un étrange idéal abstrait,
Il faut aller le chercher et savoir l'ancrer.

Il n'a besoin de vivre dans un conte merveilleux,
Il a juste besoin d'être authentique et heureux…

Un espoir

Je t'observe comme la seule merveille,
Car avec des rêves je m'éveille,
Avec un beau et noble Soleil.

Nul être ne sera tout comme toi,
Car tu es ma plus divine joie,
La seule qui illumine ma voie.

Alors, ne m'abandonne pas,

Tu es la seule qui me comprenne
Réellement qu'en tant qu'humaine,
Bien qu'à ne pas voir, je me peine,

Lorsque ta lueur croise mon chemin,
De ma vie tu es l'écrivain,
Même si elle doit s'éteindre en rien…

Loi n°49-956 du 16 juillet 1949 sur les
publications destinées à la jeunesse, modifiée par
la loi n°2011-525 du 17 mai 2011.

Dépôt légal : Décembre 2021

Impression : BoD - Books on Demand,
Norderstedt, Allemagne